MME BONHEUR
et les trois ours

Collection
MONSIEUR MADAME PAILLETTES

Monsieur Glouton et le Bonhomme de pain d'épice
Les Monsieur Madame et le Grand Méchant Loup
Madame Timide et la Bonne Fée
Monsieur Peureux et les Pirates
Madame Têtue et la Licorne
Monsieur Bruit et le géant
Madame Chipie et la sirène
Monsieur Costaud et l'Ogre
Madame Beauté et la Princesse
Monsieur Chatouille et le dragon
Madame Bonheur et la sorcière
Monsieur Malchance et le Chevalier
Madame Canaille et la Bonne Fée
Monsieur Heureux et le magicien
Madame Chance et les lutins
Monsieur Curieux et le haricot magique
Monsieur Rigolo et la lampe magique
Madame Bavarde et la grenouille
Madame Princesse et le petit pois
Madame Bonheur et les trois ours

MONSIEUR **MADAME**

MONSIEUR **MADAME**

Publié pour la première fois par Egmont sous le titre : *Little Miss Sunshine and the Three Bears*, en 2015.

MME BONHEUR
et les trois ours

Roger Hargreaves

Écrit et illustré par Adam Hargreaves

hachette
JEUNESSE

Madame Bonheur se promenait dans la forêt.
Et comme il faisait vraiment très beau et très chaud,
elle décida de faire une longue balade.

Elle marcha… et marcha…

… et marcha encore.

Soudain, le temps se mit à changer. Une tempête se leva, la pluie tomba et le tonnerre éclata violemment.

Madame Bonheur courut à travers bois dans l'espoir de trouver un abri et elle déboucha sur une clairière où se dressait une petite maison.

Elle frappa à la porte.

– Entrez ! répondit une voix forte et bourrue.

La porte s'ouvrit sur une cuisine où étaient assis trois ours : un grand ours, un moyen ours et un tout petit ours.

Sur la table étaient posés trois bols de céréales : un grand bol, un moyen bol et un tout petit bol.

– Allons faire une petite promenade en attendant que le lait de nos céréales refroidisse, proposa le moyen ours. Vous pouvez rester ici si vous surveillez nos bols et que vous vous assurez que personne ne mange nos céréales, ajouta-t-il en s'adressant à madame Bonheur.

– Oui, merci, répondit-elle.

N'ayant que faire de la pluie, les trois ours sortirent.

Madame Bonheur s'installa dans la cuisine, ravie d'être à l'abri.

Soudain, la porte s'ouvrit et monsieur Glouton surgit dans la pièce.

– Monsieur Glouton, que faites-v… bégaya madame Bonheur.

Mais avant qu'elle ait pu terminer sa phrase, monsieur Glouton s'empara des trois bols sur la table.

– Miam ! Des céréales, dit-il. J'ai faim !

– Vous n'avez pas le droit de les manger, s'écria madame Bonheur.

Mais monsieur Glouton ne l'entendit pas.

Il goûta les céréales, mais aïe ! Les céréales du grand bol étaient brûlantes !

Il goûta les céréales du moyen bol, mais beurk ! Elles étaient trop froides !

Enfin, il goûta les céréales du tout petit bol et elles étaient juste comme il faut.

Sans que madame Bonheur puisse faire quoi que ce soit, monsieur Glouton les avala jusqu'à la dernière goutte de lait.

Il regarda le bol vide.

– Bien, ce n'est pas assez pour moi, dit-il. Je dois trouver un autre repas, ajouta-t-il en sortant aussi vite qu'il était arrivé.

À peine fut-il parti que la porte s'ouvrit à nouveau, laissant entrer monsieur Maladroit.

– Bonjour monsieur Maladroit, dit madame Bonheur. Qu'est-ce qui vous amène ?

– Oh ! Mes pauvres pieds, gémit-il. J'ai marché pendant des kilomètres. Je dois faire une pause.

Il s'avança dans le salon où se trouvaient trois sièges.

– Vous ne pouvez pas rester ici, s'écria madame Bonheur.

Mais monsieur Maladroit ne l'entendit pas et voulut s'asseoir dans le grand fauteuil, mais voilà : le grand fauteuil était trop rugueux.

Et la moyenne chaise trop molle !

Enfin, il trouva la toute petite chaise juste parfaite… si parfaite qu'il se pencha en arrière et, maladroit comme il était, cassa le dossier et les pieds… Crac !

Il se releva alors brusquement en se souvenant, comme par hasard, qu'il avait quelque chose d'urgent à faire.

Il sortit.

CRAC !

Pauvre madame Bonheur !

Elle regarda désespérément la chaise cassée.

Comment allait-elle pouvoir expliquer tout cela aux trois ours ?

Au même moment, elle entendit une voix forte et bourrue venant de la cuisine.

– Qui a goûté mes céréales ? demanda la grosse voix.

– Qui a goûté mes céréales ? demanda la moyenne voix.

– Qui a mangé toutes mes céréales ? demanda la toute petite voix.

Puis les trois ours entrèrent dans le salon.

– Qui s'est assis dans mon fauteuil ? demanda le grand ours.

– Qui s'est assis sur ma chaise ? demanda le moyen ours.

– Qui s'est assis sur ma petite chaise et l'a cassée ? demanda le tout petit ours.

Très en colère, les trois ours regardèrent madame Bonheur.

– Pas moi ! répondit-elle, effrayée.

Au même moment, la porte s'ouvrit pour la troisième fois. C'était monsieur Endormi.

– Aaaah ! bâilla-t-il. C'est l'heure de ma sieste. Il me faut un lit !

– Vous ne dormirez pas dans mon lit ! protesta le grand ours.

– Ni dans le mien ! ajouta le moyen ours.

– Et ni dans le mien non plus ! répéta le tout petit ours.

Monsieur Endormi fit une drôle de tête.

– Vous pouvez venir dormir chez moi, proposa madame Bonheur.

Les trois ours furent très contents de l'entendre dire ça. Monsieur Endormi et madame Bonheur leur dirent au revoir et se mirent en route.

Mais, comme tu le sais, ils avaient un long chemin à parcourir. Se frottant les yeux, monsieur Endormi dut s'arrêter plusieurs fois si bien qu'il fut très tard quand ils arrivèrent enfin…

… suffisamment tard pour que madame Bonheur aille se coucher aussi.

En réalité, c'était l'heure d'aller se coucher pour tout le monde.

Le grand ours s'endormit dans son grand lit.

Le moyen ours dans son moyen lit.

Et le tout petit ours dans son tout petit lit.

Monsieur Endormi se coucha dans le lit de madame Bonheur… Et madame Bonheur s'allongea…

… sur le canapé !

Pauvre madame Bonheur !

RÉUNIS VITE LA COLLECTION ENTIÈRE